NATURE JOURNAL
FOR KIDS

DATE: _____

DATE: _____

DATE: _____

DATE: _____

DATE: _____

DATE: _____

DATE: _____

DATE: _____

DATE: _____

DATE: _____

DATE: _____

DATE: _____

DATE:

DATE: _____

DATE: _____

DATE: _____

DATE: _____

DATE: _____

DATE: _____

DATE: _____

DATE: _____

DATE: _____

DATE: _____

DATE: _____

DATE: _____

DATE: _____

DATE: _____

DATE: _____

DATE: _____

DATE: _____

DATE: _____

DATE: _____

DATE: _____

DATE: _____

DATE: _____

DATE: _____

DATE: _____

DATE: _____

DATE: _____

DATE: _____

DATE: _____

DATE:

DATE: _____

DATE: _____

DATE: _____

DATE: _____

DATE: _____

DATE: _____

DATE: _____

DATE: _____

Printed in Great Britain
by Amazon.co.uk, Ltd.,
Marston Gate.